Deutsche Fassung: Antoinette Cherbuliez
Fachliche Beratung: Dr. Meinhard Prill, Historiker
Herausgeber: Barbara Veit und Christine Wolfrum

Ich widme dieses Buch
Colette und Jean

DIE WELT ERKENNEN

Lizenzausgabe als Ravensburger Taschenbuch Band 8526

Titel der Originalausgabe: Le livre des marchands

Umschlagillustration: François Place

Satz: Fotosatz Ruderer, Grünkraut
Printed in Italy by Soc. Editoriale Libraria

93 94 95 96 97 5 4 3 2 1

ISBN 3-473-38526-3

Die Welt der Handelsmächte

Text und Illustrationen von François Place

Otto Maier Ravensburg

Tauschhandel mit Eingeborenen

Nach den Erzählungen der Karchedonier setzt sich das bewohnte Libyen noch über die Säulen des Herakles hinaus fort. Wenn die Karchedonier dorthin fahren, laden sie ihre Waren aus und legen sie nebeneinander an den Strand. Dann steigen sie wieder in die Schiffe und zünden ein Feuer an. Sobald die Eingeborenen den Rauch sehen, kommen sie ans Meer, legen als Preis für die Waren Gold hin und ziehen sich wieder weit zurück. Nun steigen die Karchedonier aus, um nachzuschauen, und wenn das Gold dem Werte der Waren gleichkommt, nehmen sie es und fahren ab. Wenn es aber nicht genug ist, steigen sie wieder in die Schiffe und warten. Die Eingeborenen kommen dann wieder und legen Gold dazu, bis jene zufriedengestellt sind. Keiner schädigt den anderen.

Herodot, Historien, IV. Buch
(griechischer Reisender aus dem 5. Jh. v. Chr.)

Dieses Buch gehört ....

Kleine Geschichte des Handels

Ab 1100 v. Chr. Die Phönizier beherrschen den Mittelmeerhandel.
750 v. Chr. Erste griechische Koloniegründungen
Ab 247 v. Chr. Die Parther kontrollieren den Handel auf den Karawanenstraßen.
1. Jh. v. Chr. – 2 Jh. n. Chr. Blütezeit des Römischen Reiches. Die „Pax Romana" begünstigt den Handel.
330 Byzantion wird in Konstantinopel umbenannt und neue Hauptstadt des Römischen Reiches.
610–750 Erste Verbreitung des Islam
618–750 Glanzzeit der Städte entlang der Seidenstraße unter der mächtigen chinesischen Tangdynastie
Ab 800 Schwedische Wikinger (Waräger) bilden als kriegerische Kaufleute Herrschaftsgebiete in Rußland.

867–1025 Das Byzantinische Reich ist auf dem Gipfel seiner Macht.
Um das Jahr 1000 Gebrauch der mathematischen Zahl Null
10. und 11. Jh. Herrschaft der arabischen Kaufleute, Gewürzhandel und Entwicklung der großen afrikanischen Reiche
1095 Papst Urban II. ruft zum ersten Kreuzzug auf.
12. Jh. Die großen Champagne-Messen (Frankreich) sind Treffpunkt der Kaufleute aus Nord- und Südeuropa. Die Italiener vervollkommnen das Bankwesen.
1204 Eroberung Konstantinopels durch die Kreuzritter
Um 1250 Gründung der Hanse
1271–1295 Marco Polo reist nach China.

1300 Erste „Handelsgesellschaften" in der Toskana
1370 Hochblüte der Hanse

Um 1450 Erfindung der Buchdruckerkunst
1453 Eroberung Konstantinopels durch die Türken
1460 Erste internationale Börse in Antwerpen
1492 Christoph Columbus entdeckt Amerika.
1500 Cabral landet in Brasilien.
1511 Die Portugiesen kontrollieren die Gewürzstraße.

1543 Organisierter Goldtransport durch die spanische Flotte
1545 Entdeckung der Silberminen von Potosi (Bolivien)

1607 In Nordamerika Gründung Virginias durch Sir Walter Raleigh
1608 Champlain gründet Quebec in Kanada.
1609 Gründung der Bank von Amsterdam
1615 Europa entdeckt den Gebrauch von Tabak.

1620 Die Pilgerväter der „Mayflower" landen in Nordamerika.
1639 Errichtung einer englischen Handelsniederlassung in Madras (Indien)
1640 Aufschwung des Sklavenhandels
1688 Gründung der Lloyd's Versicherungsgesellschaft
1731 Dupleix wird Generalgouverneur der französischen Ostindischen Kompanie in Chandernagor.
1763 Der Friede von Paris beendet die französischen Kolonialansprüche in Indien und Kanada zugunsten Englands.
1776 Unabhängigkeitserklärung der 13 amerikanischen Kolonien, die sich gegen das englische Handelsmonopol aufgelehnt hatten.

1815 Der Wiener Kongreß beendet das napoleonische Zeitalter und begründet die englische Vorherrschaft. Abschaffung der Sklaverei in Europa.
1840–1842 Opiumkrieg in China
1885 Berliner Konferenz: England, Frankreich, Portugal und Belgien teilen Afrika unter sich auf, ohne Rücksicht auf die Stammeszugehörigkeit der Einheimischen.

Die Phönizier

Purpurschnecke.
Sie scheidet eine Flüssigkeit aus, die einen lichtechten, sehr gesuchten Farbstoff liefert, Purpur genannt. Diese rote Farbe machte die Phönizier reich.

Die Kaufleute der Antike

Die Phönizier, die seit dem 3. Jahrtausend v. Chr. an den Küsten Syriens und des Libanons siedelten, gründeten ihre Kultur auf den Handel. Immer wieder wehrten sie erfolgreich die Eroberungsgelüste ihrer mächtigen Nachbarn, z. B. der Ägypter oder Assyrer, ab.

Seit dem 11. Jahrhundert v. Chr. waren die phönizischen Seefahrer die Herren im Mittelmeerhandel (sehr zum Nachteil der Griechen, ihrer größten Gegner auf dem Meer). Die für ihre Geschicklichkeit be-

rühmten phönizischen Handwerker wie Glasbläser, Goldschmiede, Kunsttischler oder Weber trugen zum Wohlstand der phönizischen Städte Byblos, Tyros, Sidon und Berytos bei.

Kostbare Handelsgüter
In alle Häfen der Antike segelten die robusten phönizischen Schiffe und brachten Bauholz wie die berühmte Libanon-Zeder, kostbare purpurgefärbte Stoffe, Glaswaren und Schmuck. Aber auch Papyrus aus Ägypten, feine Seide, scharfe Gewürze von den Karawanenstraßen des Orients, Metalle aus Afrika oder aus den europäischen Ländern lieferten sie ihren Handelspartnern.

So trieben die Phönizier „stummen Handel“ an den afrikanischen Küsten: Die Eingeborenen brachten so viel Gold, wie sie für die angebotenen Waren bezahlen wollten. Der Handel war abgeschlossen, wenn beide Seiten mit dem Tausch, der ganz ohne Worte vor sich ging, zufrieden waren.

Um den Schriftverkehr zu erleichtern, erfanden die Phönizier ein vereinfachtes Alphabet, das später von den Griechen wiederaufgenommen und zur Grundlage aller europäischen Schriften wurde.

Mauleselkarawane beim Metalltransport zu einem phönizischen Schiff

Der Aufbruch nach Westen

Für die antiken Seefahrer des Mittleren Orients waren die abendländischen Gebiete ein wahrer „wilder Westen“, der erobert werden mußte. Als umsichtige Kaufleute gründeten die Phönizier entlang der Küste Handelsniederlassungen. Dadurch kamen sie an Gold aus Marokko, Blei und Silber aus Andalusien und Zinn, für das sie bis in den Südwesten Englands vordrangen – damals auch „Zinninseln“ genannt. Gegen die Rohstoffe tauschten sie handgefertigte Gegenstände und erzielten damit enorme Gewinne.

Karthagische Goldmünze (um 350 v. Chr.). Der phönizische Handel beruhte lange Zeit auf Tausch. Erst ziemlich spät wurde das Geld in Karthago eingeführt.

Glanz und Niedergang Karthagos

Nach der Zerstörung von Tyros wurde der 814 v. Chr. an der tunesischen Küste erbaute Hafen von Karthago zum Mittelpunkt des Mittelmeerhandels. Doch die Macht dieses neuen Reiches, das seine Herrschaft bis nach Sizilien ausdehnte, forderte Rom heraus. Nach drei unerbittlichen Kriegen zwischen 264 und 146 v. Chr. (Punische Kriege) wurde Karthago von den Römern völlig zerstört.

In den gut geschützten phönizischen Häfen konnten viele Schiffe auch schwer beladen vor Anker gehen.

Rom

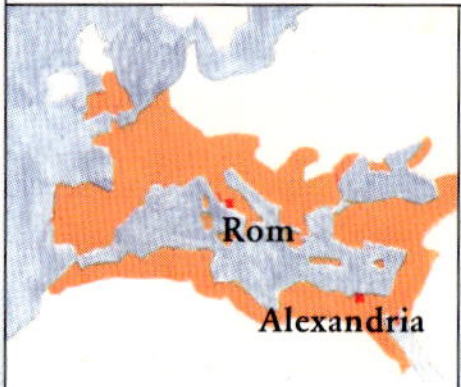

Das Römische Reich im 1. Jh. n. Chr.

Römerin mit einem Parfümfläschchen (Freske aus Pompeji). Wie die Gewürze gehörte auch Parfüm zu den Luxusgütern.

Im Gegensatz zu den Phöniziern, einem Volk von Seefahrern und Kaufleuten, waren die Römer vor allem Krieger, Verwalter und Bauern. Sie eroberten ein Riesenreich, das sich im 1. Jahrhundert n. Chr. von Großbritannien bis zu den Wasserfällen des Nils erstreckte.

Die Lebensmittelversorgung Roms

Das Lebenszentrum dieses sagenhaften Reiches war Rom, eine dichtbevölkerte Stadt, deren Versorgung von den unterworfenen Provinzen abhing. Im Hafen von

Löschen einer Warenladung in einem römischen Hafen. Die größten Schiffe waren die aus Alexandria, die Rom mit Getreide versorgten.

Ostia vor Rom trafen Getreide aus Ägypten, Wein aus Griechenland und Gallien, wilde Tiere aus Afrika (für die Zirkusspiele) oder Exotisches wie Ambra, Gewürze und Seide ein.

Die Sendboten Roms kamen bis nach Irland, ins Baltikum, nach Äthiopien oder auf die Malaiische Halbinsel. Römisches Geld und römisches Recht galten in allen Provinzen des Reiches und erleichterten den Handelsverkehr.

Ein weitläufiges Straßennetz durchzog das Reich.

Merkur, der Gott der Reisenden und der Kaufleute, aber auch der Diebe

Byzanz

Kaiser Justinian I. (Mosaik aus Ravenna) begründete die Macht von Byzanz durch den Handel.

Das Tor zum Orient

Im Jahr 324 erlangte Konstantin der Große die römische Kaiserkrone. Er bekannte sich zum Christentum und wählte nicht mehr Rom zur Hauptstadt des Römischen Reiches, sondern Byzanz, das er 330 in Konstantinopel umbenennen ließ. Hier liefen von alters her die Handelswege aus Rußland und aus Zentralasien zusammen. Dieser Treffpunkt, römisch in der Tradition, griechisch in der Kultur und orientalisch im Regierungsstil, war der Inbegriff einer Weltstadt. Die auswärtigen Kaufleute hatten hier ihre eigenen Stadtviertel mit Geschäften und Wohnungen.

Ein großer Markt

Hier gab es Waren aus aller Welt: Seide, Gewürze und Parfüme aus dem Orient, Sklaven, Pelze und Honig aus Rußland, Waren aus dem Baltikum, die von schwedischen Kaufleuten, den Warägern, bis zu den Häfen am Schwarzen Meer befördert wurden, Baumwolle, Holz, Öl, Wein und Waffen aus dem Mittelmeerraum.

Das Handwerk blühte, und es entstanden viele Werkstätten. Der Byzantiner, eine im Auftrag des Kaisers geprägte Goldmünze, war wertbeständig und führend auf den internationalen Handelsplätzen.

Die wichtigsten Handelsstädte des Byzantinischen Reiches

Basar in Byzanz

Ein byzantinischer Händler beim Sklavenkauf

Die ersten Seidenstraßen

Römerinnen, die sich in schimmernde Seide kleideten, wußten nichts über die Herkunft des Stoffes. Sie glaubten, daß die Chinesen ihn von den Bäumen pflückten, wo er von Göttinnen hingehängt worden war. Das Geheimnis der Seide blieb lange im dunkeln.

Im Jahr 53 v. Chr. waren die römischen Legionen des Marcus Crassus, die gerade in Kleinasien die Parther bekämpften, vom Anblick der flammenden Banner des Feindes fasziniert. So entdeckte Rom die Seide, diesen schillernden, festen und gleichzeitig leichten Stoff. Bald waren die Seidenpreise so hoch, daß der Senat den Gebrauch des Stoffes gesetzlich regelte.
Die chinesischen Kaiser hatten Seide einstmals den ihre Grenzen bedrohenden Barbaren zum Geschenk angeboten; so begann der Seidenhandel in Zentralasien.

Von China nach Rom
Die auf Kamele verladenen kostbaren Ballen, die China durch das Jadetor verließen, reisten mit der Karawane durch die Oasen am Rande der Wüste Takla-Makan. Ihr Weg führte sie über die Hochebenen des Pamir zu den Handelsstraßen Zentralasiens oder zu den indischen Häfen, die der Ausgangspunkt für den Seeweg der Gewürze waren.

Kamel aus Baktrien
(chinesische Keramik
der Tang-Epoche)

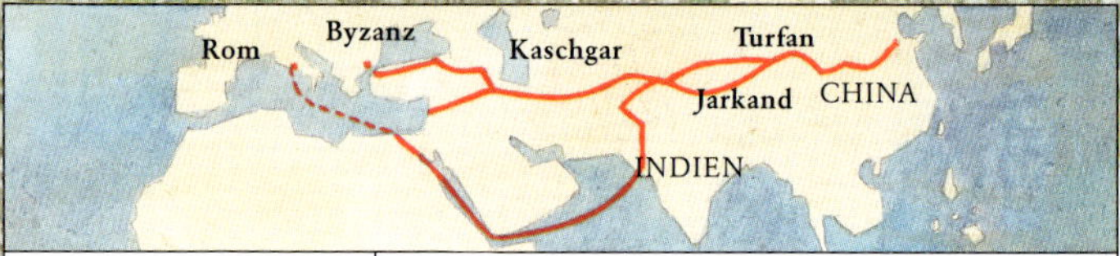

Die Seidenstraßen von China nach Rom und Byzanz

522 kehrten zwei Mönche aus dem Fernen Osten mit Seidenraupeneiern nach Byzanz zurück. Die hatten sie in hohlen Stöcken versteckt. Durch diese erste „Industriespionage“ erfuhr das Abendland das Geheimnis der Seidenherstellung: Der Faden wird vom Kokon eines Schmetterlings, des Maulbeerspinners, gewonnen.

Durch den Handel mit Seide, aber auch mit Parfümen, Edelsteinen und Waffen entwickelte sich entlang der Seidenstraße im Zentrum Asiens eine eigene, von iranischen, buddhistischen und chinesischen Einflüssen geprägte Kultur. Blühende Oasenstädte wie Kaschgar, Jarkand und Turfan entstanden. Sie erlebten ihren Niedergang, als von 1205 an die Mongolen unter Dschingis-Khan zu ihren Eroberungszügen aufbrachen. Der Handel verlagerte sich vom Landweg auf die See und kam so in die Hand der Araber, die den Transport von Indien zum Roten Meer organisierten.

Meditierende Buddhas (Freske im Tempel von Tung-huang).
Die Seidenstraße begünstigte den Einfluß des Buddhismus in China.

Seide gibt es in Massen; denn die Würmer, die sie hervorbringen, halten sich an bestimmten Früchten, ernähren sich von ihnen und brauchen keine besondere Pflege. Deshalb gibt es ungewöhnlich viel Seide, mit der sich sogar die Armen und Notleidenden des Landes bekleiden. Gäbe es keine Kaufleute, so hätte die Seide nicht den geringsten Wert. So wird in China ein einziges Baumwollkleid für viele Seidenstoffe verkauft.

Ibn Battuta, 14. Jh.
(arabischer Reisender)

Die Karawansereien, wo die Händler sich von den Strapazen der Reise erholten, waren Orte der Begegnung zwischen Anhängern verschiedener Glaubenslehren.

Der Gewürzhandel

Weißer Pfeffer: getrocknete Frucht

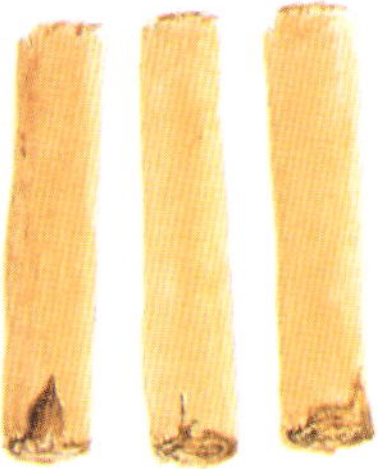

Zimt: getrocknete Rinde des Zimtbaums (Ceylon und China)

Gewürznelken (Molukken, „Gewürzinseln“)

Muskatnuß (Molukken)

Ein Schwatz unter Händlern: Ost und West begegnen sich. Wichtigstes Handelsgut: Gewürze.

Samenkörner mit Goldwert

Gewürze sind Pflanzenfrüchte, Samen oder Wurzeln, die vorwiegend in Indien und Indonesien wachsen. Sie waren schon vor Tausenden von Jahren wegen ihres Geschmacks und Duftes sehr geschätzt.

Für ihre Totenkulte brauchten die Ägypter Zimt, Weihrauch und Myrrhe. Die Römer kochten mit sehr viel Gewürzen, die manchmal notwendig waren, um schon verdorben riechendes Fleisch noch genießbar zu machen.

Viele Kaufleute wurden durch den Handel mit Gewürzen reich. Man nannte sie auch „Pfeffersäcke“, weil Pfeffer so viel wie Gold wert war. In Europa konnte man sogar mit Pfeffer bezahlen: Im späten Mittelalter

wurden bestimmte Steuern mit Pfeffer abgegolten.
Die Ureinwohner hatten jedoch nichts von diesem „Gold“. Sie mußten hart auf den Plantagen arbeiten, die sich die fremden Herren unrechtmäßig angeeignet hatten.

Apothekergefäß (Renaissance).
Die Gewürze wurden in vielen Salben, Parfümen und Heilmitteln verarbeitet.

Pfefferernte

Schwarzer Pfeffer:
Die reifen Beeren werden getrocknet (Indien).

Kardamom
(Indien und Ceylon)

Kurkuma
(Indien)

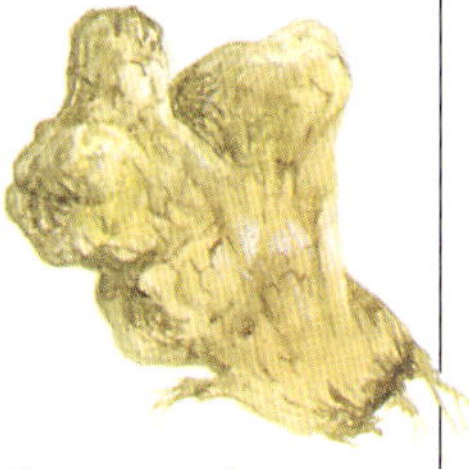

Ingwerwurzel
(Indien und Malaysia)

Schiffe auf dem Seeweg nach Indien

Alle die Stoffe von Gold und Seide, die wir Musselin nennen, werden in Mosul angefertigt.
Marco Polo, 1. Buch, 6. Kap.

Arabische Kaufleute beim Handeln um Pfeffersäcke

Die Insel Hormus im Persischen Golf
Zuletzt kommt man an den Ozean, wo auf einer Insel, nicht fern von der Küste, eine Stadt steht, namens Hormus, deren Hafen von Kaufleuten aus allen Gegenden Indiens besucht wird, welche Gewürze und Spezereien, köstliche Steine, Perlen, Gold und Seidengewebe, Elefantenzähne und eine Menge anderer Waren mitbringen. Diese lassen sie den verschiedenen Handelsleuten ab, die sie durch die ganze Welt verbreiten.

Marco Polo, 1. Buch, 17. Kap.
(venezianischer Kaufmann im 13. Jh.)

Vom Schiff zur Karawane

Der Gewürzhandel lag in den Händen indischer, später arabischer Seeleute. Der Transport auf dem Seeweg hing von den Monsunwinden ab, die von Juni bis September landeinwärts und von November bis März seewärts blasen. Aden am Roten Meer und Hormus im Persischen Golf waren die Häfen, von denen aus die arabischen Zweimaster nach Indien in See stachen.

Von dort beförderten Karawanen die kostbare Last bis nach Alexandria, zu den Handelshäfen an der syrischen Küste oder nach Trapezunt (am Schwarzen Meer).

Karawane in der Wüste

Ich hatte mich einer Karawane muslimischer Händler angeschlossen, die jene alten Wege benutzten, die schon seit frühen Zeiten bekannt sind und auf denen sich immer wieder in entsprechenden Abständen Oasen befinden, die man zur Rast und Erholung für Mensch und Tier benötigt.

Ibn Battuta

Die Konkurrenz der italienischen Kaufleute

Vom 11. Jahrhundert an übernahmen italienische Kaufleute, vor allem aus Venedig und Genua, die Rolle der Zwischenhändler zwischen den arabischen Kaufleuten und Konstantinopel, das damals die Drehscheibe des Gewürzhandels war. Von nun an lieferten sich Genuesen und Venezianer einen verbissenen Kampf um die Vorherrschaft in diesem einträglichen Geschäft.

Alexandria war für das Abendland der wichtigste Hafen an der Gewürzstraße. Hier gab es für die abendländischen Kaufleute eigene Handelsniederlassungen, die mit der Stadtverwaltung ausgehandelte Sonderrechte erhielten.

Venezianische Galeere in einem Hafen im Nahen Osten

Die arabischen Kaufleute

Sklavenmarkt (nach einer arabischen Miniatur)

Für die arabischen Kaufleute war der Pferdehandel eines der einträglichsten Geschäfte: Indische Fürsten kauften ihnen jedes Jahr einige tausende Tiere ab, denn Pferde überlebten in Indien nie länger als einige Monate.

... Aber meine Meinung ist, daß das Klima des Landes der Pferderasse ungünstig ist, daher werden sie nicht im Lande erzeugt und ist es so schwer, sie zu erhalten.

Marco Polo, 3. Buch, 20. Kap.

Vom Mittelmeer zum Indischen Ozean
Nach den großen islamischen Eroberungen im 8. Jahrhundert wurden die Araber die Herren des Handels im Mittelmeer und im Indischen Ozean. Sie kontrollierten nicht nur den ganzen Karawanenverkehr, sondern konnten sich darüber hinaus in ihren zahlreichen Niederlassungen in Indien, Ceylon, Sansibar, Indonesien und China mit wertvollen Nahrungsmitteln versorgen.

Waren des Orients
Von den Indern übernahmen die arabischen Kaufleute den Gebrauch der mathematischen Zahl Null. Dadurch wurde das Rechnen sehr viel einfacher. Sie führten das Zuckerrohr in Ägypten ein, den Reis in Madagaskar, Orangen und Zitronen im ganzen Mittelmeerraum. Ihnen verdanken wir auch die Einführung der sagenhaften chinesischen Erfindung des Papiers.

Nach unserer Ankunft hatte ich vom Sultan viele Geschenke erhalten, allein tausend Dinare für meine Ausgaben beim Barbier, ein Ehrengewand, alle Dinge zum Essen, nämlich mehrere tausend Pfund Mehl, Kleie, Fleisch, Zucker, Butter und tausend Betelblätter.

Ibn Battuta

Waren aus Afrika

Im 9. und 10. Jahrhundert eröffneten die Araber große Verbindungswege durch die Sahara, die das Gold Ghanas, das Salz der Wüste, das Elfenbein der Bantus und die Sklaven des Sudans für sie über Land erreichbar machten.
Mächtige afrikanische Königreiche traten zum Islam über und wurden durch Handel reich. Die Zentren waren berühmte Städte wie Timbuktu oder Dschinni.

Erste Handelsgesellschaften

Doch der Orient lieferte weiterhin die meisten Waren. Hunderte von schwerbeladenen Schiffen fuhren jährlich die Indienroute. Die reichen Handelsleute mieteten gemeinsam Schiffe, die als Flotte segelten, und teilten sich die Risiken und Gewinne der Fahrten.
Die arabische Vorherrschaft im Indischen Ozean wurde erst durch die Portugiesen Ende des 15. Jahrhunderts beendet.

Arabischer Dinar. Diese nach dem Byzantiner geprägte Goldmünze galt überall im Handel.

Pilger (nach einer arabischen Miniatur). Wie das Trampeltier in Zentralasien, so ist das Dromedar das „Wüstenschiff“ in Arabien und Nordafrika.

An der Ostküste Afrikas sicherten die arabischen Handelsniederlassungen Kilwa, Mogadischu, Mombasa und Malindi den regelmäßigen Warenaustausch zwischen Indien und Afrika.

Pilgerreisen und Kreuzzüge

Lange und beschwerliche Reisen
Neue Handelswege von Europa in den Nahen Osten führten über die alten Straßen der großen Pilgerzüge.
Im christlichen Abendland wanderten Pilger nach Rom, nach Santiago de Compostela oder nach Jerusalem zum Grab Christi. Auf dem Weg entstanden – jeweils Tagesreisen voneinander entfernt – Städte, Markt- und Handelsplätze, Orte der Begegnung, wo auch Kenntnisse und Fertigkeiten ausgetauscht wurden.
In der islamischen Welt fanden sich alljährlich Pilger und Händler in riesigen Karawanen auf der Straße nach Mekka zusammen.

Pilger mit seinem Pilgerstab

Zwei Welten stehen sich gegenüber

Im Heiligen Land wurde aus der Begegnung der beiden Glaubensgemeinschaften ein feindseliger Zusammenstoß. Papst Urban II. predigte 1095 den Heiligen Krieg: So kam es zum ersten Kreuzzug. Während ihres Aufenthalts in der fernen, fremden Welt lernten die Kreuzritter eine neue Lebensart kennen. Geblendet vom Luxus und den verfeinerten Sitten an den orientalischen Höfen kehrte der Adel mit neuen Gewohnheiten und Bedürfnissen nach Europa zurück: Gewürze, kostbare Seidenstoffe, feine Goldschmiede- und Glasarbeiten verschönerten fortan das Leben der Herren auf ihren Schlössern.

Landung der Kreuzritter in Palästina

Die Kaaba, der heilige Stein der Muslime, wird in Mekka aufbewahrt, dem größten muslimischen Wallfahrtsort.

Die Champagne-Messen (Frankreich)

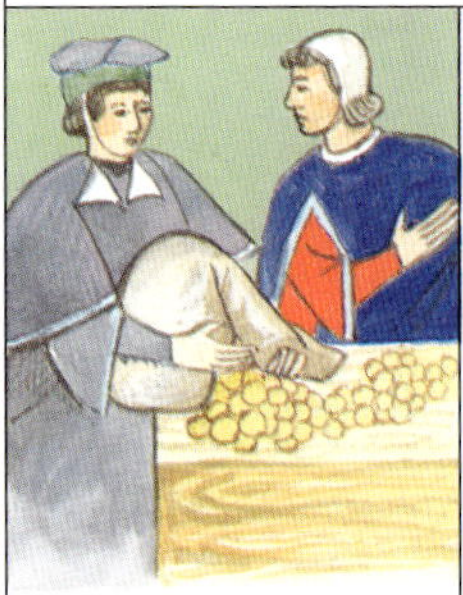

Auf den Marktplätzen erschienen die ersten Bankiers, meistens italienische Geldwechsler, die sich als sehr geschickt im Umtauschen der verschiedenen Währungen zeigten und ihre Dienste den Kaufleuten anboten.

Treffpunkt von Nord und Süd
Im 12. Jahrhundert trafen sich Nordeuropa, wo die Wiege einer blühenden Tuchindustrie stand, und Südeuropa mit seinen Handelsinteressen auf halbem Weg auf den Champagne-Messen, in Lagny, Bar-sur-Aube, Troyes und Provins.

Der Schutz durch „freies Geleit"
Der Herr nimmt alle Händler, Waren sowie alle Leute, die zur Messe kommen, unter sein Geleit, vom ersten Tag an, der sie von ihren Hallen wegführt, von Sonnenaufgang bis Sonnenuntergang. Er muß ihnen alle Waren ersetzen, die sie unterwegs einbüßen.

Die Wanderkaufleute kamen hierher, um Tücher, Seidenwaren, Gewürze, Pelze, Edelsteine und Edelmetalle, Salben, Salz und Holzkohle zu tauschen.

Gut beaufsichtigte Messen

Die Grafen der Champagne zogen mit ihrem Recht auf Geleit, das ihnen Rechts- und Sicherheitsgarantien (auch für die Hin- und Rückreise), gut instandgehaltene Hallen, kontrollierte Maße und Gewichte und mäßige Steuern bot, die Kaufleute an.

Der Wanderkaufmann mußte ständig Steuern und Gebühren entrichten: beim Eintritt in eine Stadt, beim Übergang über eine Brücke, beim Auspacken der Waren, bei allen Geschäftshandlungen.

Die italienischen Städte

In Italien, im Herzen des Mittelmeerraums, entstanden Städte, deren kaufmännische Bestimmung schon sehr bald zutage trat. Seit dem 9. Jahrhundert unterhielten Amalfi und Salerno einträgliche Geschäftsbeziehungen mit dem Byzantinischen und dem islamischen Reich. Pisa, Genua und Venedig lösten sie vom 11. Jahrhundert an ab und setzten sich als wichtige Zentren des Handels mit dem Orient durch.

Die Geburt der modernen Buchhaltung
Die italienischen Handelsleute wurden wegen ihrer großen Erfahrung als Einkäufer, Fuhrunternehmer, Geldwechsler und Verkäufer beneidet. Sie entwickelten die

Methoden der muslimischen Kaufleute weiter, schufen die Grundlagen für ein modernes Handels- und Seerecht, verbreiteten die ersten Handelslehrbücher (Practica della mercatura, zu Beginn des 15. Jahrhunderts), führten die doppelte Buchführung ein und machten Kredite und Versicherungen für alle Leute möglich.
Die Kaufleute schlossen sich für Einzelaktionen (z. B. das Anmieten eines Schiffes) zu Kommanditgesellschaften zusammen oder bauten mächtige Handelsgesellschaften auf, die Filialen an den wichtigsten europäischen Handelsplätzen von London bis Barcelona besaßen.

Die italienischen Bankiers erfanden im 12. Jh. den Wechsel, eine Art Schuldschein. Der Aussteller stellt den Wechsel gegen eine Geldsumme oder Waren aus. Der Wechselinhaber konnte damit neue Ware einkaufen, wenn ihm die Geschäftsleute trauten. Auch als Zahlungsmittel an einen Dritten war er anerkannt.

Die Kaufleute der Hanse

Tretkran.
In dem Rad liefen Menschen, um es in Bewegung zu halten.

Heringsfaß.
Die Kirche verbot am Freitag Fleisch. Fisch war jedoch erlaubt. Die Hanseaten erzielten ansehnliche Gewinne durch den Verkauf von getrocknetem, geräuchertem oder gepökeltem Fisch.

Handelswege der Hanse

Im 12. Jahrhundert, als in Nordeuropa die Zahl der Städte explosionsartig anwuchs, begannen die Kaufleute an Nord- und Ostsee, sich zu organisieren. So entstand der Hansebund, zuerst nur ein Bund der Kaufleute, später dann der Städte Norddeutschlands. Der erste Hansetag (Versammlung) dieser mächtigen Gemeinschaft wurde 1356 in Lübeck abgehalten.

Ein Netz leistungsstarker Handelsniederlassungen

Die Hanse unterhielt bald wichtige Zweiggeschäfte in London, Brügge, Bergen, Riga und Nowgorod. Diese Geschäfte wurden

von Senatoren (Senat = Ältestenrat) geführt und genossen erhebliche Sonderrechte. Junge Kaufleute machten dort eine harte zehnjährige Lehrzeit durch.

Die Hanse gewinnt Einfluß und Macht
Mit ihren schweren Frachtschiffen belieferten die Hanseaten Europa mit Honig, Wachs und Pelzen aus Rußland, Holz aus Skandinavien, Getreide aus Preußen und Polen, Zinn aus Cornwall, Wein aus der Gascogne, Salz aus der Bretagne, englischen und flämischen Stoffen und all jenen Waren des Orients, die es in Antwerpen oder Brügge zu kaufen gab.
In ihrer Blütezeit im 15. Jahrhundert gehörten mehr als 150 Städte zur Hanse: eine große wirtschaftliche, politische und militärische Macht.

Hanseatische Flotte. Die schweren Koggen und Hukboote waren für den Transport der vielen Güter sehr geschätzt. Die Kapitäne der Nord- und Ostsee waren für ihre Navigationskenntnisse berühmt.

Pelzhandel in einer russischen Stadt

Der Kaufmann

Der Handel weitete sich fast gleichzeitig mit den technischen Neuerungen des 13. Jahrhunderts aus. Immer mehr Weber wurden eingestellt, und die Tuchindustrie hatte einen enormen Aufschwung. Für die zahlreichen Waren wurden neue Märkte gesucht und auch gefunden.

Ein fähiger und sachkundiger Mann

Der Händler war nun nicht mehr der Hausierer, der mit seinen Mauleseln umherzog. Er war ein gebildeter Mann mit soliden Kenntnissen in Buchhaltung und Recht. Er hatte eine Lehrzeit in einer Handelsniederlassung abgeschlossen, in der er alle Geschäftsvorgänge und auch fremde Sprachen gelernt hatte.

Der Kaufmann führte einen umfangreichen Briefwechsel mit seinen Geschäftsführern.

Er kannte die Qualität und den Preis der Waren, die Kunst des Verkaufens. Er hatte gelernt, das Risiko so klein wie möglich zu halten, indem er sich mit anderen Kaufleuten zusammenschloß. Er war also ein Mann von Welt, der es verstand, Beziehungen zu knüpfen und sich ein Netz von Informanten zunutze zu machen: Sein geistiger Horizont war oft weiter gesteckt als der seiner meisten Zeitgenossen.

Politische Macht der Kaufleute

Die Macht der Kaufleute veränderte die mittelalterliche Welt: Die Städte befreiten sich von der Bevormundung durch die Herrschenden, der Sinn für Bequemlichkeit und Luxus weckte neue Bedürfnisse. Die Kaufmannsdynastien standen auf der gleichen Stufe wie die Könige und Kirchenfürsten. So besaßen die Fugger in Deutschland Ende des 15. Jahrhunderts das Monopol der Silber- und Kupferminen in Mitteleuropa; als Herren über ein riesiges Handelsreich finanzierten sie die Wahl Karls V. zum Kaiser.

Goldgulden (florentinische Münze). Der Florentiner Gulden galt im 15. und 16. Jh. als sicheres Zahlungsmittel. Jede Stadt, jeder Staat hatte eigene Münzen. Geldwechsler und Bankiers nutzten das Wechselgeschäft, um Gewinne zu machen.

Eine Silbermine

Das Papier wurde durch die Araber im 12. Jh. in Sizilien und Spanien eingeführt. Sein Gebrauch verbreitete sich im 13. Jh., und nach der Erfindung der Buchdruckerkunst (um 1450) wurde es unentbehrlich. Schriftlich Festgehaltenes (Rechnungsbücher und Wechsel) erleichterte den Kaufleuten die Arbeit sehr und galt im Prozeßfall als Beweis.

Venedig im 15. Jahrhundert

Leonardo Loredan, Doge von 1501 bis 1521 (nach einem Gemälde von Bellini). Alljährlich begab sich der Doge von Venedig am Himmelfahrtstag zur Hafeneinfahrt. Dort warf er einen Trauring ins Meer und verkündete feierlich: *Wir vereinen uns mit dir, o Meer, als Zeichen wahrhafter und ewiger Verbundenheit.*

Der Doge wurde von Angehörigen des Adels gewählt und hatte den Vorsitz des leitenden Rates, der Signoria. Er mußte Rechenschaft über seine Amtshandlungen vor sechs Tribunen ablegen.

Venedig gegen Genua

Venedig war durch seine Lage in der Lagune und den Zugang zur Adria von alters her eine Seefahrerstadt. Schon in frühester Zeit unterhielt es Handelsbeziehungen zum Byzantinischen Reich und erhielt ab 1082 von diesem besondere Rechte, die zu seinem gewaltigen Aufschwung führten. Später zogen die Venezianer geschickt Vorteil aus den Kreuzzügen: Sie übernahmen die Seetransporte der Kreuzritter und lenkten den 4. Kreuzzug nach Konstantinopel ab. Als diese Stadt 1204 geplündert wurde, kehrten sie mit reicher Beute heim.

Nun mußten sie noch den mächtigen Konkurrenten Genua ausschalten, um sich die Vorherrschaft über den Mittelmeerhandel zu sichern. Nach über einem Jahrhundert verbissener Rivalität und vier Kriegen gewann Venedig die Oberhand, konnte jedoch Genuas Vorherrschaft im Schwarzen Meer nicht brechen.

Eine Republik der Kaufleute

Venedig war im 15. Jahrhundert die reichste Stadt des Abendlandes; noch heute ist dies an den großartigen Palästen der Patrizierfamilien am Canale Grande zu sehen. Die „Serenissima Repubblica“ (Republik Venedig) war ein mächtiger Staat mit dauerhaften Einrichtungen und einem nach phönizischem Muster errichteten Kolonialreich. Der venezianische Golddukaten war das sicherste Geld des Mittelalters.

Arbeiter im Arsenal (Schiffswerkstatt). Es unterstand dem Admiral. Hier wurden die Galeeren gebaut, ausgerüstet und instandgehalten. Die Arbeiter konnten fast wie bei Fließbandarbeit zehn Galeeren in weniger als einem Tag ausrüsten.

Die Venezianer beherrschten lange Zeit den Handel zwischen Orient und Abendland: mit Pfeffer und anderen Gewürzen, aber auch mit Baumwolle aus Syrien, Brokat und Samt, Getreide, Öl, Salz und Wein. Sie exportierten Muranoglas, gefärbte Stoffe und Seidenwaren.

Gleichwie im Arsenal die Venezianer
Zur Schiffskalfatrung zähen Teerbrei kochen
Im Winter, der dazu der rechte Mahner,

Denn weil die Schiffahrt ruht, baut der an Stelle
Des kranken Schiffs ein neues, der setzt Rippen
Dem wieder ein, das oft durchfurcht die Welle;

Hier klopft am Bug und dort am Heck der Schlegel,
Der fertigt Ruder, andre drehen Taue,
Der flickt am Bugspriet, der am Besansegel…

Dante Alighieri
„Die Hölle“, 21. Gesang, 7–13

Ein Staatshandel

Der Senat organisierte den Seeverkehr, ließ die Galeeren bauen und ausrüsten, bestimmte die Fahrtrouten und Anlegehäfen, entschied über die Art der Waren, die Verlade- und Abfahrtstermine, ernannte die Kapitäne und erhob Steuern auf die Gewinne. Für jede Schiffsflotte wurden die Galeeren vermietet. In Venedig war der Handel eine staatliche Angelegenheit, an der alle Bürger verdienen konnten. Dafür mußten sich die Einwohner verpflichten, die Stadt zu schützen und ihr zu dienen.

Regelmäßige Handelsverbindungen

Die Schiffe fuhren zweimal jährlich auf sieben regelmäßigen Linien:
- die Alexandria-Galeere nach Ägypten
- die Beiruter Galeere nach Syrien
- die Trafego-Galeere von Alexandria nach Tunis
- die Romanie-Galeere zu den Häfen am Schwarzen Meer
- Die Aigues-Mortes-Galeere nach Südfrankreich
- die Barbarie-Galeere über Nordafrika und Gibraltar nach Valencia
- die Flandern-Galeere nach London und Brügge

Der Galeerenbau wurde durch den Staat bestimmt (Größe, Materialien usw.). So konnte in Serie produziert werden.

Für den Transport der Massengüter wie Getreide, Baumaterialien, Metalle wurden die bauchigen, schweren und langsamen Schiffe bevorzugt.

Die Portugiesen in Indien

Ein portugiesisches Schiff ankert vor einer Molukken-Insel.
In diesen tropischen Gewässern gab es unzählige Holzwürmer, die die Schiffsrümpfe befielen. Kaum ein Schiff überstand mehr als zwei Reisen nach Indien.

Zehn Jahre nach der ersten Reise Vasco da Gamas (1498) errichteten die Portugiesen in Indien ein Reich. Als sie 1511 die Malaiische Halbinsel eroberten, eröffnete sich ihnen der Zugang zu China, und sie kontrollierten nun den Gewürzhandel, der bis dahin in den Händen arabischer und indischer Kaufleute gelegen hatte.

Richtige Schatzinseln

Die Stützpunkte dieses Reiches, einfache befestigte Handelsniederlassungen, waren leicht einzunehmen, doch die Überlegenheit ihrer mit Kanonen bestückten Schiffe sicherte den Portgiesen die Seehoheit.
Die Molukken (Gewürzinseln), auf denen Pfeffer, Gewürznelken und Muskatnuß geerntet wurden, waren den anderen Nationen nicht zugänglich, und die Verbreitung jeglicher Karten, aus denen ihre geografische Lage hervorging, wurde mit dem Tode bestraft. Es waren richtige Schatzinseln: Gewürze, die dort gekauft wurden, konnten auf dem Markt von Antwerpen zu einem 800fachen Preis verkauft werden.

Der Reichtum Brasiliens

Missionsstation in Brasilien. Die Jesuitenmissionen in unerforschten Gebieten trugen zur Kolonialisierung bei, indem sie die herkömmliche Lebensweise der Indianer zerstörten. Missionen waren oft der Grundstein zu Handelsposten oder Städten.

Indianer mit Brasilholz. Dieses Tropenholz enthält einen sehr begehrten roten Farbstoff.

Pedro Cabral entdeckte Brasilien im Jahr 1500. Doch die Portugiesen interessierten sich wenig für diese neue amerikanische Kolonie, wo Franzosen und Spanier ihnen das Monopol auf das Brasilholz streitig machten. Schließlich verdienten sie ungeheure Geldsummen im indischen Gewürzhandel.

Die ersten portugiesischen Siedler ließen sich an der Küste von Pernambuco nieder und führten mit Erfolg den Zuckerrohranbau ein. Das weckte die Geldgier der Holländer, die hier Anfang des 17. Jahrhunderts eine bald blühende Kolonie gründeten.

Gold- und Edelsteinrausch

Westlich der Bucht von Rio de Janeiro wurde das von den Jesuiten 1554 gegründete São Paulo zum Zentrum der Kolonisierung des Landes: Von hier aus führten die Eroberer ihre Überfälle auf Indianerstämme aus, die sie zur Zwangsarbeit auf die Plantagen verschleppten. Weiter im Norden fielen Goldsucher und Abenteurer bei der Entdeckung der reichen Gold- und Edelsteinadern des Mato Grosso und der Minas Gerais übereinander her.

Der schwarze Sklave trägt eine Eisenmaske: eine der Bestrafungen auf den Plantagen. Der Besitzer konnte seine Sklaven umbringen, ohne Rechenschaft darüber ablegen zu müssen.

Die Quelle des Reichtums in der Neuen Welt

Das Gold der Minen von Potosi in Peru wurde mit Mauleseln nach Nombre de Dios geschafft, dem Verschiffungshafen für Spanien. Jeder Maulesel trug 140 kg Gold.

Die Konquistadoren (spanische Eroberer), die sich nach Südamerika einschifften, hatten nur das eine Ziel: schnell reich zu werden. Da die Eroberung und Erforschung jedem selbst überlassen war, verband sich die brutalste Gewalt mit „Geschäftsinteressen“. Die spanische Krone erhob Anspruch auf ein Fünftel der Beute. Nachdem die Schatzkammern der Indianer Mittel- und Südamerikas geleert waren, mußte man das Gold an seiner Quelle suchen: aus den Bergen hauen und aus den Flüssen waschen. Die plötzlich zu Sklaven gemachten Indianer mußten die schwere Arbeit leisten. Kaum einer über-

lebte die Strapazen. Nach Spanien floß mehr Gold, als in ganz Europa seit dem Altertum je vorhanden gewesen war.

Unendlicher Reichtum

Nach der Entdeckung märchenhaft großer Silbervorkommen in Peru und Mexiko um 1545 wurden Tausende von Tonnen Silber nach Europa verschifft. Doch dieses Übermaß an Reichtum machte Spanien nicht stark, sondern schwächte es eher: Alle Preise kletterten in schwindelerregende Höhen. Und dann waren es die nordischen Kaufleute, Flamen und Holländer, die in Sevilla jene Waren weit unter Preis anboten, die für die Kolonien notwendig waren.

Lamas schleppen die Schätze zu den Schiffen.

Die Arbeitsbedingungen in den Minen waren grauenhaft: Die anstrengende Arbeit bei eisigen Temperaturen in dünner Luft überlebte kaum ein Indianer länger als drei Monate.

Das ausgedehnte Festland haben unsere spanischen Landsleute durch ihre Greuel und gottlosen Taten entvölkert und verheert.

Bartolomé de Las Casas

Flotten voll Gold

Piratenflagge.
Die Korsaren (Seeräuber) bekamen vom König Schutzbriefe und lieferten ihm dafür einen Teil ihrer Beute ab. Piraten plünderten auf eigene Faust. Für Seefahrer waren beide ein Schrecken.

Eine andere Gefahr: tropische Wirbelstürme

Von Spanien in die Neue Welt

Seit dem Ende des 15. Jahrhunderts nahmen Jahr für Jahr Hunderte von spanischen Schiffen Kurs auf die Neue Welt. An Bord hatten sie Öl, Getreide, Wein, Werkzeuge, Vieh: alles, was in den neuen Kolonien benötigt wurde. Bei ihrer Rückkehr brachten sie Gold mit, sofern sie nicht Schiffbruch erlitten hatten oder Korsaren in die Hände gefallen waren.

Gut beschützte Kolonien

Um die Verluste möglichst klein zu halten, wurden von 1530 an Flotten gebildet und 1543 zwei unterschiedliche Flotten aufgestellt. Die „Neu-Spanien“, die zu den Antillen und nach Mexiko segelte, stach im April in See. Die „Festland“ mit Kurs auf Südamerika lichtete im August die Anker.

Schiffskanone

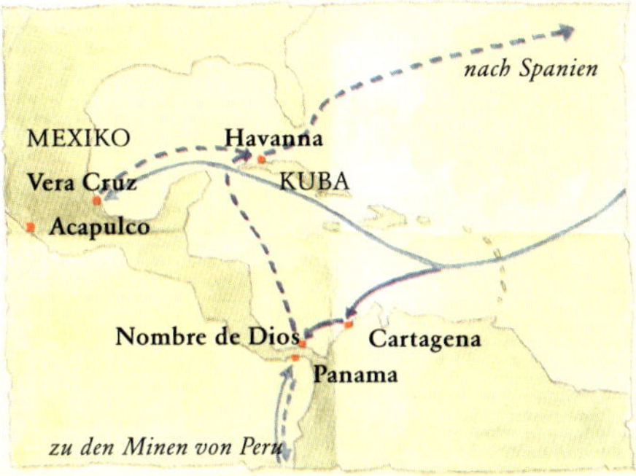

Die zwei Flotten trafen sich bei der Rückfahrt in Kuba und fuhren zu Beginn des folgenden Jahres mit Gold und Silber beladen wieder weiter.
Spanien verteidigte eifersüchtig die Handelsherrschaft in seinen Kolonien. Doch es konnte die Landung anderer Nationen in Südamerika und die Überfälle der Korsaren auf seine Schiffe und befestigten Häfen nicht verhindern.

Geldschrank.
Die spanischen Galeeren, Kriegs- und Handelsschiffe wurden als Geleitschutz für die Schiffe eingesetzt, die das königliche Fünftel in versiegelten Schrankkoffern transportierten.

Das Jahrhundert der Niederländer

Westersche Hannelslüd
sin wi,
ut Brügge, Utrecht und
Brabant,
Lank den Ossenweg von
Flandern
treckt wi nu dörch das
Sassenland.

A. Mähl

Anfang des 17. Jahrhunderts wurde Amsterdam zur führenden Stadt im internationalen Handel. Die Niederländer übernahmen nun den Hauptanteil des Handels der Hanse und machten damit und mit ihrem Herings- und Walfischfang ein Vermögen. Sie kauften das Getreide aus den nördlichen Ebenen auf und verkauften es mit Gewinn in ganz Europa.

Die erste Ostindische Handelskompanie
1599 erschien eine Schrift, durch die die Reiseroute nach Indien bekannt wurde, ein Zeichen für den Niedergang des portugiesischen Reiches. Die „Vereinigte Holländische Compagnie", die berühmte VOC, die 1602 mit privatem Kapital gegründet wurde, eroberte innerhalb weniger Jahre dieses am Ende der Welt gelegene Reich.

Laken werden zum Trocknen ausgelegt.

Jakarta auf der Insel Java wurde 1619 erobert. Bei den Holländern hieß die Stadt bis 1950 Batavia. Sie wurde zum Zentrum des niederländischen Handels in Indonesien. In Südafrika ermöglichte die 1652 gegründete Stadt am Kap (Kapstadt) eine wirksame Kontrolle des Seeweges nach Indien.

Amsterdam war nun das Lagerhaus der Welt geworden. Um die Geld- und Warenflut zu steuern, richtete die Stadt eine Bank (1609) und eine Börse (1611) ein. Damit verloren die italienischen Bankhäuser ihre bisherige Bedeutung.

Ich einigte mich mit dem König, den Häuptlingen und den Veadors, nahm ihnen aber als Bedingung das Versprechen ab, sie würden den Engländern kein Elfenbein, keine Scrivilios und kein Rotholz verkaufen.

G. Ockers (holländischer Faktoreibeamter)

Modell eines holländischen Handelsschiffes (Fleute). Aufgrund seines geringen Tiefgangs konnte das Schiff in den meisten Häfen anlegen.

Flagge der VOC

Die Spediteure der Meere

Die Schiffswerften der Holländer waren die leistungsstärksten in Europa. Dort setzte man schon von Windmühlen angetriebene mechanische Sägen ein. Unmengen Holz, Teer und Hanfseile wurden verarbeitet. In Amsterdam befand sich der größte Markt für gebrauchte Schiffe.

Im 17. Jahrhundert beförderten niederländische Schiffe fast alle Waren. Deshalb galten die Niederländer als die „Spediteure der Meere".

Holländischer Seemann

Das typische Handelsschiff war die Fleute, ein bauchiges dreimastiges Segelschiff, das rasch vorwärts kam. Wenige Männer genügten, um es zu lenken. Dadurch konnten die Kosten erheblich gesenkt werden.

Würdenträger der VOC unterwegs in Bengalen (Indien). Die strengen und schmucklos gekleideten niederländischen Handelsherren gewöhnten sich in Asien sehr rasch an den Prunk des Orients.

Spezialisierte Inseln

Das „Komitee der Siebzehn“ an der Spitze der VOC beschränkte den Anbau der Gewürze auf bestimmte Inseln: z. B. Zimt auf Ceylon, Muskat auf die Banda-Inseln und Gewürznelken auf die Insel Amboina (Molukken). Auf allen anderen Inseln wurden sämtliche Gewürzpflanzen vernichtet. Den Einheimischen nahm man ihr Land weg und verteilte es unter den neuen Herren, die riesige Plantagen anlegten. Dann zwangen sie die Ureinwohner zur Arbeit oder brachten sie zu Tausenden um.

Nußdiebstahl bestraften die Niederländer mit dem Abhacken der Hand. Auf Schmuggel stand die Todesstrafe.

Um die hohen Gewürzpreise zu halten, wurden z. B. 1775 in Batavia an die 250 000 Pfund Muskatnüsse in Brand gesteckt. Das zuschauende Volk watete in der ausgeschmolzenen Muskatbutter. Wehe, einer schleckte einen Tropfen!

Die VOC hielt auch den innerindischen Handel und den zwischen China, Japan, Indien und Indonesien in der Hand. Zwischen 1680 und 1720 reichte die Macht dieses blühenden Handelsimperiums über staatliche Grenzen und Einflußmöglichkeiten hinaus: eine Vorform multinationaler Konzerne.

1641 gründeten die Niederländer eine Niederlassung in Nagasaki auf der Insel Dejima (Japan). Sie waren damals die einzigen Europäer, die mit diesem abgeschotteten Land handeln durften – und auch nur von dieser Niederlassung aus. Den anderen Ländern öffnete sich Japan erst während der Regierungszeit des Meiji-Tennos Mitte des 19. Jh.

Javanische Händler

Die Ostindischen Handelskompanien

Eine Indienreise dauerte hin und zurück 2–3 Jahre (allein für die Geschäfte brauchte man 10–20 Monate). Selbst für reiche Passagiere, die vergleichsweise bequem reisten, war die Überfahrt sehr anstrengend.

Chinesisches Porzellan wurde schon im 16. Jh. in großen Mengen durch die Portugiesen importiert und überschwemmte bald alle holländischen Haushalte. Über 12 Mio. Einzelteile kamen so zwischen 1607 und 1682 ins Land. Manche wurden sogar auf Bestellung angefertigt, z. B. Bierkrüge.

Das Reisen war noch voller Gefahren
Von Anfang an wurde der VOC von der englischen Ostindischen Kompanie („Old Lady") Konkurrenz gemacht. In Frankreich wurde unter Minister Colbert eine erste Ostindische Kompanie ins Leben gerufen, die ihre Werft in der Hafenstadt Lorient hatte. Die Franzosen unterhielten Handelsniederlassungen in Indien (Chandernagor und Pondichéry) und setzten sich auf den Inseln Réunion und Mauritius fest. Dänen und Schweden gründeten ebenfalls ihre eigenen Kompanien.
Solche Unternehmen bargen jedoch Risiken in sich: An Skorbut (Vitamin-C-Mangelkrankheit) starben viele der Seeleute, durch Schiffbruch versanken wertvolle Ladungen, ganz abgesehen von den Piraten und Korsaren, für die Handelsschiffe eine leichte Beute waren. Doch die Gewinne, die eine Indienreise einbrachte, machten solche Verluste mehr als wett.

Rivalitäten in Asien

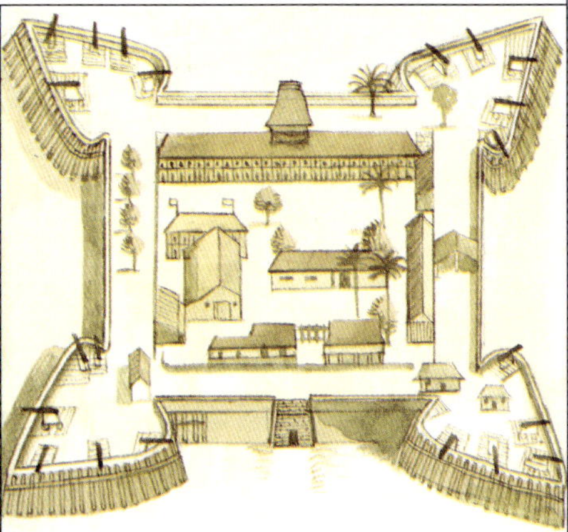

Holländisches Fort auf einer Banda-Insel

Niedergang der VOC
Es ist natürlich schwierig, die Kontrolle über ein Seegebiet zu halten, das sich von Indien über Java bis nach China erstreckt. Es kostete viel Geld, sich die Überlegenheit über andere Handelskompanien zu sichern. Das trug allmählich zur Schwächung der VOC bei. Außerdem schadete es dem Ansehen, daß fernab vom Mutterland die Geschäftsführer der Handelsniederlassungen auf großem Fuß lebten und gerne die Augen vor den Schmuggelgeschäften ihrer eigenen Leute verschlossen, die auf diese Weise erkleckliche Summen beiseite schaffen konnten.

Verschiffung von Pfeffersäcken

Handelsspionage

Trotz der gefälschten Karten, die fremde Schiffe täuschen sollten, wurde es immer schwieriger, die Anbaugebiete der Handelswaren geheimzuhalten. 1769 gelang es dem französischen Verwalter der Insel Mauritius, Pierre Poivre, sich Muskatnuß- und Gewürznelkenbaumpflanzen von den Molukken, einer niederländischen Kolonie, zu beschaffen und sie auf seinen Ländereien anzubauen.

„Kein Handel ohne Krieg, kein Krieg ohne Handel."

Die Eroberung der fernen Meere konnte allein deshalb gelingen, weil die Europäer äußerst seetüchtige Schiffe bauten. Doch nur die Nation behauptete sich zu Wasser, die viele und feste Kriegsschiffe besaß. Immer wieder begleiteten solche „Schutzschiffe" die Handelsflotten.

Handelsschiff beim Schmuggelgeschäft mit einer chinesischen Dschunke. Mit Schmuggel konnten die Kolonialmonopole gebrochen werden.

Handel mit schwarzen Sklaven

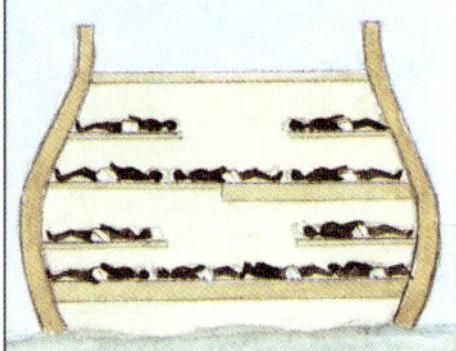

Sklavenschiff im Querschnitt. Die mit Brennstempel markierten und im Kielraum angeketteten Sklaven mußten eine schreckliche Überfahrt erdulden, bevor sie verkauft wurden.

Baumwollplantage in den Vereinigten Staaten. Der ganze Wohlstand der Südstaaten beruhte auf billigen Arbeitskräften: den Sklaven.

Auf den Antillen, im spanischen Südamerika und in Brasilien fehlte den indianischen Ureinwohnern, die zur Arbeit in den Minen und auf den Plantagen gezwungen wurden, meist die Widerstandskraft gegen Krankheit und Mißhandlung. Sie starben. Um die notwendigen Arbeitskräfte zu beschaffen, wurden vom 16. Jahrhundert an Sklaven aus Schwarzafrika importiert.

Die „Ebenholz"-Händler

Schon seit langer Zeit hatten die arabischen Sklavenhändler ihren Bedarf an Menschen in Ostafrika gedeckt. Die neuen „Ebenholz"-Händler überfielen die Grenzstaaten des Golfs von Guinea (Westafrika): Im 17. und 18. Jahrhundert wurden so mehr als 14 Millionen Afrikaner versklavt.

Sklaven bei der Zuckerrohrernte

Der „Dreieckshandel“

Die europäischen Sklavenhändler kamen schnell zu viel Geld, denn durch ihr Geschäft entstand ein Dreieckshandel: An den afrikanischen Küsten tauschten sie ihren Vorrat an Ausschußware (Glasperlen, Baumwollstoffe) und Gewehren gegen Sklaven ein; dann segelten sie nach Amerika, um dort ihre menschliche Ladung weiterzuverkaufen und sich mit Tropenprodukten einzudecken. Die brachten sie dann gewinnbringend in Europa an den Mann.

Der Sklavenhandel unterlag nicht einem staatlichen Monopol, sondern war ein lukratives Privatgeschäft. Erst im 18. Jahrhundert, dem Zeitalter der Aufklärung, kritisierte die europäische Öffentlichkeit immer heftiger den Handel mit Sklaven. 1815 sprachen sich die europäischen Staaten gemeinsam gegen die Sklaverei aus, die aber in den Kolonien und in den Vereinigten Staaten noch lange bestand.

Sklavenfolter

Entlaufener Sklave. Gelang ihm die Flucht, so versteckte er sich in den Wäldern der Antillen und von Guyana.

Pelze aus dem hohen Norden

Im Land der Trapper

In die unendlichen, fast unerforschten Weiten des amerikanischen Nordens drang kaum etwas von der Kolonisation. Jenseits des Küstensaums und der Handelsniederlassungen an den Ufern der Großen Seen dehnten sich endlos die kanadischen Wälder. Dies war das Gebiet der französischen Trapper. Im Gegensatz zu den englischen Siedlern übernahmen sie die Lebensweise der Indianer – diese Jäger und Fallensteller zogen die Unwägbarkeiten eines ungebundenen Lebens den Zwängen der Kolonie vor. Sie lebten vom Tausch- und Pelzhandel: Biber, Nerz, Fischotter und Silberfuchs. 1670 erhielten zwei solche Trapper, Radisson und Des Groseillers, vom englischen König Charles II. das Monopol für den Pelzhandel.

So wurde die Hudson Bay Company gegründet. Von nun an kämpften französische und englische Händler einen unerbittlichen Kampf um jeden Quadratkilometer Schnee. Jede Seite wollte sich die Kontrolle über das Pelzgeschäft sichern. Diese örtlich begrenzten feindlichen Zusammenstöße gab es auch im größeren: England, Frankreich und Spanien kämpften um Landanteile in Nordamerika.

Das Ende Französisch-Kanadas
1763 wurde Frankreich im Frieden von Paris aus Kanada verdrängt, doch die Hudson Bay Company bekam dadurch keineswegs freie Bahn: Die junge, dynamische North-West-Company, die 1773 von Schotten gegründet wurde, machte ihr erbitterte Konkurrenz. Die Rivalitäten wurden erst 1821 durch den Zusammenschluß beider Gesellschaften beendet.

Nachdem die englischen Kolonien unabhängig geworden waren, wurde weiter mit Pelzen gehandelt. In der ersten Hälfte des 19. Jh. durchstreiften die „Mountain Men“ die Rocky Mountains im Westen und legten dort ihre Fallen aus. Trapper, Indianer und Händler trafen sich jedes Frühjahr auf den Pelzmärkten, die nahe bei den Forts in den großen Ebenen stattfanden.

England, Königin der Meere

Der Freibrief von Sir Walter Raleigh

... Außerdem steht es dem genannten Walter Raleigh, seinen Erben ... zu, den gesamten Boden aller wie vorher beschriebenen, entdeckten und in Besitz genommenen Gebiete, Territorien und Länder zu behalten und daraus Nutzen zu ziehen für immer ...

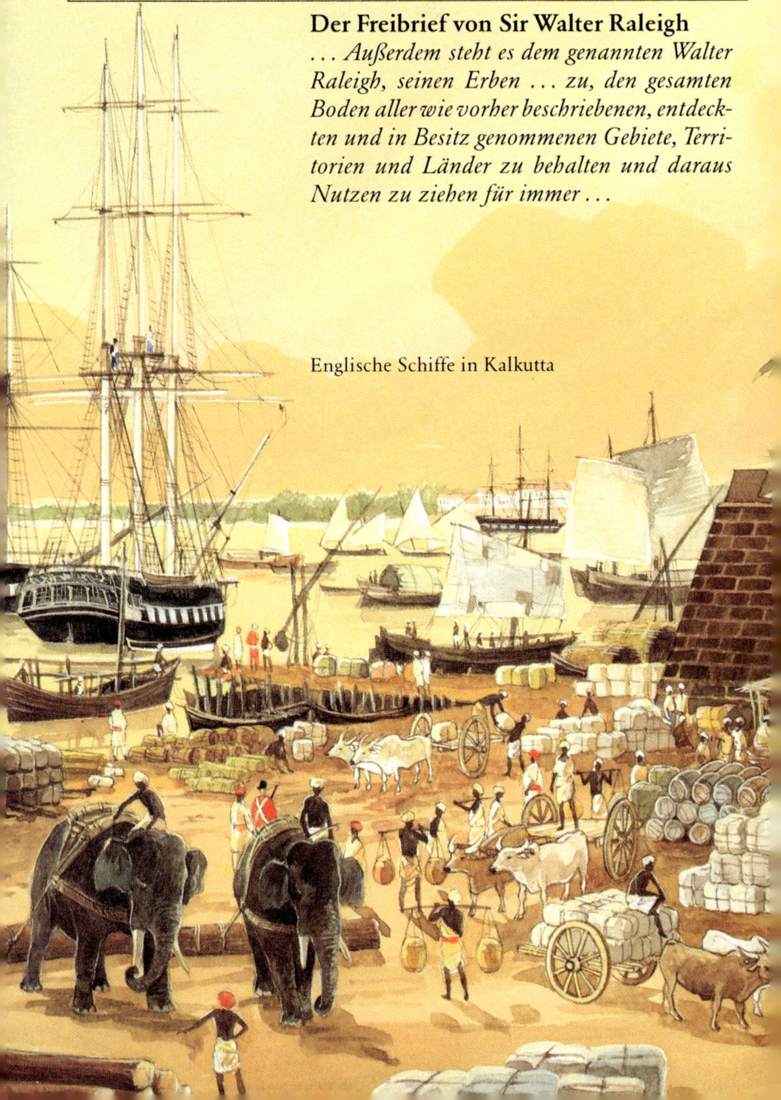

Englische Schiffe in Kalkutta

Ein „Indiaman“, Handelsschiff der Ostindischen Kompanie, aus Teakholz

Kriege und Handel in Asien

In Indien standen sich England und Frankreich mit der gleichen unerbittlichen Feindschaft gegenüber: die 1708 gegründete neue East India Company (EIC) versuchte, die von Dupleix geleitete französische Ostindische Kompanie auszuschalten. Die Kraftprobe ging zugunsten der Engländer aus, denen der Pariser Friedensschluß 1763 den französischen Besitz mit Ausnahme einiger Handelsniederlassungen zusprach. Zwei Jahre später hatten die Engländer in Bengalen Fuß gefaßt und waren bald die Herren des gesamten indischen Kontinents, der das Sprungbrett für alle ihre Eroberungen in Asien war.

London wurde zum ersten Börsen- und Finanzplatz, und die britischen Schiffe bestimmten die Gesetze auf allen Meeren. Durch die industrielle Revolution sicherten sich englische Fabrikanten, Händler und Bankiers auch die Vorherrschaft im 19. Jahrhundert.

Im 19. Jh. hatten die englischen Lebensmittelgeschäfte Waren aus allen Kontinenten in ihrem Angebot.

Die Teeroute

Ein amerikanischer Hafen im 19. Jh.

Der Steuermann. Für die Kapitäne war hohe Geschwindigkeit das oberste Gebot, auch wenn dabei die Masten zu Bruch gingen und die Segel rissen.

Der Überseehandel ließ neue Bedürfnisse entstehen: Schokolade, Kaffee und Tee wurden nun zu gebräuchlichen Genußmitteln. Teeliebhaber zahlten gern hohe Preise für die Lieferungen der besten Teesorten aus China, die alljährlich im Frühjahr gepflückt wurden.

Die Schnellsegler

Um 1840 kamen neue, schnelle Handelsschiffe auf den Markt, die Klipper. 1849 erreichte die „Seawitch" (Meerhexe) des amerikanischen Schiffsbauingenieurs John Griffith Hongkong von New York aus in der Rekordzeit von 74 1/4 Tagen. Zur gleichen Zeit zeichnete Matthew Fountain Maury neue Seekarten, in denen die Winde und Strömungen aller Weltmeere festgehalten waren. So konnten die großen Überfahrten verkürzt werden.

Internationale Signalflaggen

Kapitäne, Reeder und ihre Anhängerschaft begeisterten sich für schnelle Fahrten; man forderte sich gegenseitig heraus, schloß Wetten ab. Es war die Glanzzeit der Segelmarine, doch machten ihr die Dampfer schon Konkurrenz, denen die Eröffnung des Suezkanals 1869 den Weg zum Orient erschloß.

Die „Cutty Sark" war einer der letzten großen Klipper. 1889 gelang es ihr, den schnellsten Dampfer der Welt, die „Britannia", zu überholen.

Die Kolonialpolitik

Die industrielle Revolution
1851 wurde in London die erste Weltausstellung eröffnet, ein Schaufenster der technischen Errungenschaften aus der ganzen Welt. Die Dampfmaschine löste die alten Energiequellen ab. Holz wurde von Kohle verdrängt. Die europäischen Staaten sahen sich nach neuen Märkten und Rohstoffen um, um diese industrielle Revolution kaufmännisch auszunutzen.
In Asien wurde Hongkong nach dem Opiumkrieg britische Kronkolonie, und die Franzosen setzten sich in Indochina fest. Doch die Hauptrolle am Ende des 19. Jahrhunderts spielte die Kolonisation (= europäische Besetzung) Afrikas.

Handelsposten an einem Fluß in Äquatorialafrika

Für die Kolonisation brauchte man Verkehrswege. Die Eisenbahn hielt in allen Erdteilen ihren Einzug.

Die Kolonisation Afrikas

Forschungsreisende wagten sich ins Innerste des Kontinents auf der Suche nach schiffbaren Gewässern, die den Weg für den Handel und die europäischen „Errungenschaften" öffnen sollten. Doch eigentlich ging es darum, das Land und seine Menschen auszubeuten. Auf der Berliner Konferenz 1885 teilten die europäischen Großmächte Afrika unter sich auf.

Die Forst-, Bergbau-, Immobilien- und Handelsgesellschaften und Banken konnten in Afrika gute Geschäfte machen, weil Arbeitskräfte und Rohstoffe billig waren.

Holzfällen in Afrika

Von der Provinz Adem

In diesem Reiche gibt es viele Städte und Burgen, und es hat die gute Gelegenheit eines vortrefflichen Hafens, der von Schiffen besucht wird, die von Indien mit Gewürzen und Spezereien kommen. Die Kaufleute, welche diese kaufen, um sie nach Alexandria zu führen, laden sie von den Schiffen ab, in welchen sie hergeschafft werden, und bringen die Ladungen an Bord anderer kleinerer Schiffe, mit denen sie einen Meerbusen zwanzig Tage lang befahren, auch mehr oder weniger, je nachdem ihnen das Wetter günstig ist. Haben sie diesen Hafen erreicht, so laden sie dann ihre Waren auf Kamele und lassen sie dreißig Tagesreisen durchs Land bis zum Flusse Nil tragen, wo sie wieder in kleine Schiffe, Zerme genannt, verladen werden, in denen man sie stromabwärts nach Kairo und von da auf einem künstlichen Kanale, Kalizene genannt, nach Alexandria schafft. Das ist der am wenigsten schwierige und kürzeste Weg, den die Kaufleute mit ihren Gütern, den Erzeugnissen Indiens von Adem nach Alexandria nehmen können.

Marco Polo, 3. Buch, 40. Kap.

Kleines Lexikon der Kaufleute

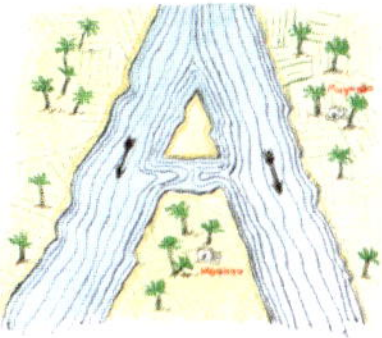

Aktie
Wertpapier, das einen Anteil am Grundkapital einer Gesellschaft darstellt. Je nach Geschäftsverlauf gewinnen oder verlieren Aktien an Wert.

Arsenal
Werkstätte, in der oft Kriegsmaterial hergestellt wird: Kriegsschiffe, Waffen.

Bank
Einrichtung, in der alle finanziellen Transaktionen (Anleihe, Anlage, Überweisung, Geldwechsel usw.) getätigt werden. Kommt vom italienischen Wort banca, das früher den Stand des Geldwechslers auf den Märkten bezeichnete.

„bandeirantes“
(portug.) Nachkommen der ersten Kolonisatoren, die sich zu Banden zusammenschlossen und auf Raub gingen.

Börse
An der Handelsbörse werden große Warenkäufe und -verkäufe abgeschlossen. Die Händler oder ihre Bevollmächtigten treffen sich hier, um sich über die Märkte zu informieren und den Kurs (die Preise) festzusetzen.

Ceylon
Seit 1972 Sri Lanka. Inselstaat im Indischen Ozean. Die ersten Kolonialisten waren die Portugiesen, nach ihnen kamen die Holländer und zuletzt bis 1947 die Engländer.

Carga
Kommt aus dem Spanischen und heißt Last. Sie war ein früheres Hohlmaß und Gewicht in Spanien und Südamerika, mit dem man Wein, Öl und Getreide abwog. Die Carga entsprach zwischen 114 und 182 l oder 125 und 185 kg.

Dinar
Währungseinheit in Algerien, Irak, Jemen, Jordanien, Kuweit, Libyen und Tunesien u. a.

Export
Ausfuhr von Gütern aus einem Land in ein anderes.

Filiale
Die Kaufmannsdynastien im späten Mittelalter bauten mächtige Handelsgesellschaften auf, in denen die Geldanlage vom Handelsgewerbe getrennt war. Sie hatten zahlreiche Filialen (Zweigstellen), die ziemlich eigenständig handeln durften und sich dadurch rasch den örtlichen Gegebenheiten anpassen konnten.

Fracht
Schiffsladung

Geschäftsführer
Angestellter, der die Geschäfte im Namen eines Kaufmanns oder einer Gesellschaft führt.

Handelsprivileg
Recht, das Personen oder Gesellschaften eingeräumt wird, z. B. das Recht, eine Ware als einziger zu verkaufen oder ein Gebiet als einziger zu beliefern.

Import
Einfuhr von Waren aus einem anderen Land.

Jesuiten
Sie gehören einem 1534 gegründeten katholischen Orden an, der seinen Glauben in alle Welt bringen wollte. Die Missionsstationen der Jesuiten standen oft am Anfang von Handelsniederlassungen oder Kolonialstädten.

Lombarden
Christliche Kaufleute aus lombardischen Städten, die ein besonderes Recht besaßen: Sie durften Geld gegen Zinsen leihen. Seit dem 13. Jh. wurden alle italienischen Kaufleute so genannt, weil sie als Geldgeber im 14. und 15. Jh. eine wichtige Rolle in Europa spielten.

Mark
Als Gewichtsbezeichnung seit dem 11. Jh. gebräuchlich. Daraus entstand die Bezeichnung für das einzelne Geldstück. 1871 setzte das Deutsche Reich die Mark (unterteilt in 100 Pfennige) als offizielle Währung fest.

Monopol
(griech. Alleinverkauf) Dabei lag das Recht der Handelslieferungen einzig bei einem Mutterland und seinen Kolonien. In der Navigationsurkunde von 1651 verbot England jeden Transport von Gütern aus seinen Kolonien auf nichtenglischen Schiffen.

Mutterland
Staat, zu dem Kolonien oder außerhalb gelegene Gebiete gehören und von dem sie abhängig sind.

Opium
Rauschgift aus dem Saft des Schlafmohns. China untersagte lange die Einfuhr dieser Droge, die sich verheerend auf die Bevölkerung auswirkte. Bevor die Engländer China den Opiumhandel durch den Opiumkrieg aufzwangen (1840–1842), schmuggelten sie ihn ins Land.

Papiergeld
Das erste Papiergeld (Banknoten) kam in China in den Handel. 1658 wurden Banknoten erstmals in Europa von der Stockholmer Bank in Schweden ausgegeben.

Protektionismus
Handelspolitik, die den nationalen Handel dadurch schützt, daß sie alle ausländischen Einfuhrprodukte mit hohen Steuern belegt.

Quoten
Rechnungsmäßiger Anteil. Einige Waren unterliegen einer Quotenregelung bei der Einfuhr, d. h. daß sie nur in beschränkter Menge in ein Land eingeführt werden dürfen.

Reeder
Eigentümer eines Schiffes, das ihm durch Transporte ein Einkommen sichert.

Route
Die großen Handelsstraßen für Gewürze, Seide, Tee oder Kaffee erstreckten sich über Tausende von Kilometern und verbanden die Herstellungsländer mit den Verbrauchermärkten.

Schiffsmakler
Er hilft dem Reeder im Hafen beim Abwickeln der Hafengeschäfte.

Strategisch
Eine strategische Position ermöglicht es, eine Route oder ein Gebiet militärisch zu überwachen. Die portugiesischen Handelsniederlassungen an der Gewürzstraße kontrollierten z. B. die Meerengen oder wichtige Anlegeplätze.

Tonnage
Rauminhalt eines Schiffes, Gesamtschiffsraum einer Flotte.

Inhalt

Bibliographie zu den Gedichten und Auszügen

6 Herodot, „Historien“ (Auszug). Deutsche Gesamtausgabe. Übersetzt von A. Horneffer. Neu herausgegeben und erläutert von H.W. Haussig, mit einer Einleitung von W.F. Otto. Alfred Kröner Verlag, Stuttgart 1971.

21 Ibn Battuta, „China“ (Auszug), aus: Reisen ans Ende der Welt 1325–1353. Das größte Abenteuer des Mittelalters. Neu herausgegeben von Hans D. Leicht. Horst Erdmann Verlag, Tübingen, Basel 1974.

24 Marco Polo, 1. Buch, 6. Kapitel (Auszug), aus: Die Reisen des Venezianers Marco Polo im 13. Jahrhundert. Bearbeitet und herausgegeben von Dr. Hans Lemke. Gutenberg-Verlag, Hamburg 1907.

24 Marco Polo, 1. Buch, 17. Kapitel (Auszug), aus: Ebd.

25 Ibn Battuta, „Durch die Wüste zum Niger (Auszug); aus: Reisen ans Ende ... a.a.O.

26 Marco Polo, 3. Buch, 20. Kapitel (Auszug), aus: Die Reisen des Venezianers ... a.a.O.

29 Ibn Battuta, „Am Hof des Sultans“ (Auszug), aus: Reisen ans Ende ... a.a.O.

42 Dante Alighieri, „Die Hölle“ (Auszug), 21. Gesang, 7–13, aus: Dantes Poetische Werke, 1. Band. Die Göttliche Komödie, 2. umgearbeitete Auflage. Herdersche Verlagsbuchhandlung, Freiburg 1912.

49 Bartolomé de Las Casas, „Brevissima Relación“ (Auszug), zitiert nach: Dickmann, F. ed., Geschichte in Quellen, Band III, München 1966. Aus: Die Entdeckung und Eroberung der Welt. Dokumente und Berichte, Band I Amerika, Afrika. Herausgegeben von Urs Bitterli. C.H. Beck'sche Verlagsbuchhandlung, München 1980.

52 A. Mähl, „Westersche Hannelslüd“ (Auszug), aus: Konrad Gatz, Kauffahrer, Krämer und Handelsherren. Schmorl und von Seefeld Nachf., Verlagsbuchhandlung, Hannover 1949.

54 G. Ockers, „Letter of the Dutch Factor at Ughoton“ 1724 (Auszug), zitiert nach: A.F.C. Ryder, Benin and the Europeans 1485–1897, London 1969. Aus: Die Entdeckung und Eroberung der Welt ... a.a.O.

65 „Der Freibrief von Sir Walter Raleigh“ (Auszug), zitiert nach: R. Hakluyt, The Principal Navigations, Voyages, Traffiques and Discoveries of the English Nation, Band VIII, Glasgow 1903. Aus: Die Entdeckung und Eroberung der Welt ... a.a.O.

72 Marco Polo, 3. Buch, 40. Kapitel (Auszug), aus: Die Reisen des Venezianers ... a.a.O.